Paris

1865

Garnier, Joseph

Notice sur M. Guillaumin, fondateur du Jouranl des économistes

NOTICE

SUR

M. GUILLAUMIN

FONDATEUR

DU JOURNAL DES ÉCONOMISTES

PAR

M. JOSEPH GARNIER

SECRÉTAIRE PERPÉTUEL DE LA SOCIÉTÉ D'ÉCONOMIE POLITIQUE

PARIS

IMPRIMERIE DE A. PARENT

Rue Monsieur-le-Prince, 31.

1865

NOTICE

SUR

M. GUILLAUMIN

NOTICE

SUR

M. GUILLAUMIN

FONDATEUR

DU JOURNAL DES ÉCONOMISTES

PAR

M. JOSEPH GARNIER

SECRÉTAIRE PERPÉTUEL DE LA SOCIÉTÉ D'ÉCONOMIE POLITIQUE

PARIS

IMPRIMERIE DE A. PARENT

Rue Monsieur-le-Prince, 31.

1865

GUILLAUMIN

SES FUNÉRAILLES, — SA VIE ET SON OEUVRE (1).

La santé de M. Guillaumin, le fondateur du *Journal des Économistes* et de la Librairie d'économie politique, inquiétait sa famille et ses amis depuis quelque temps; toutefois nous étions loin de redouter une fin prochaine, lorsque le jeudi, 15 décembre, il a subitement cessé de vivre, en rentrant chez lui et à quelques pas de sa demeure!

Convoqués à la hâte, aussitôt que l'ont permis les formalités nécessitées par les circonstances de cette mort, les membres de la Société d'économie politique présents à Paris, plusieurs membres du Cercle de la librairie, et les amis particuliers de la famille sont accourus, le 17 décembre, à dix heures du matin s'informant, avec un douloureux étonnement, des particularités de ce cruel événement. Le Convoi ayant en tête les membres du bureau de la Société d'économie politique s'est dirigé à l'église Saint-Roch et de là au Père-Lachaise.

Au moment où la terre commençait à recouvrir le cercueil, M. Hippolyte Passy, ancien ministre, s'est avancé sur le bord de la tombe et, s'adressant à l'assistance, au nom de la Société d'économie politique, dont il est le premier président, et dont M. Guillaumin était le questeur, il a dit avec une éloquente simplicité les paroles suivantes :

« Messieurs, je ne voudrais pas quitter cette tombe sans avoir rendu un dernier et bien douloureux hommage à l'homme excel-

(1) Extrait du *Journal des Économistes*, numéro du 15 janvier 1865.

lent dont nous venons d'y accompagner la dépouille mortelle. Tous, vous étiez les amis, les collaborateurs de M. Guillaumin, et, autant que moi, vous savez quels étaient ses titres à notre affection, et avec quel dévouement il a rempli la tâche laborieuse et difficile que le désir de se rendre utile l'avait décidé à s'imposer. A l'époque où il vint s'établir à Paris, l'économie politique n'était pas en faveur. Vainement, de grands et beaux travaux, parmi lesquels figurent au plus haut rang ceux d'un de nos compatriotes, M. J.-B. Say, la recommandaient-ils à l'attention, on continuait, dans les régions du pouvoir, à en tenir les préceptes pour dangereux; les hommes de lettres eux-mêmes ne lui témoignaient qu'indifférence ou dédain, et, certes, il fallait une foi bien vive et bien sincère dans les vérités qu'elle proclame pour oser attendre de l'avenir la rémunération des sacrifices et des labeurs que demandait la publication des œuvres destinées à en propager le goût et la connaissance. C'est là cependant la mission que se donne M. Guillaumin. Certes, doué comme il l'était, M. Guillaumin aurait trouvé plus ample récompense de ses efforts s'il leur eût imprimé une autre direction, et il avait trop la conscience de ses forces pour ne pas le savoir; mais il ne douta pas un moment qu'une science qui enseigne aux hommes qu'il n'y a d'autre source féconde et durable de prospérité sociale que la réalisation des plus hautes prescriptions de la justice et de la liberté, dans les relations que la production et l'emploi des richesses établissent entre eux, finirait par l'emporter sur le mauvais vouloir dont elle demeurait l'objet, et que ce serait rendre grand service à la France que d'aider le temps à en assurer le triomphe dans son sein. Cette pensée, M. Guillaumin lui a été fidèle. Elle l'a suivi, éclairé, animé, dans la carrière qu'il a parcourue d'un cœur si ferme, et avec un succès dont il avait droit de s'enorgueillir.

« Ce que M. Guillaumin a fait pour la science est considérable, et je ne pourrais en rappeler ici qu'une bien petite partie. C'est à lui, en très-grande partie, qu'a été due la fondation de la Société des Économistes, de cette société qui longtemps eut peine à grossir ses rangs; mais qui maintenant, nombreuse et forte des lauriers de ses membres, remplit si utilement la mission qu'elle a acceptée. C'est à lui aussi qu'a été due la fondation du *Journal des Économistes*, recueil dont il serait inutile de faire l'éloge, car le nombre croissant de ses abonnés atteste suffisamment quelle estime il a su conquérir parmi les hommes éclairés de notre époque.

« M. Guillaumin n'était pas écrivain, et cependant il a largement contribué aux progrès de la science. Il est deux publications d'une haute importance, véritables monuments de l'état présent des connaissances économiques dont seul il a conçu l'idée, et dont le mérite lui appartient presque tout entier : je veux parler du *Dictionnaire d'économie politique* et du *Dictionnaire du commerce et de la navigation*. M. Guillaumin ne se chargea pas seulement de réunir, de trier, de classer les matériaux dans l'ordre le mieux entendu, il eut a obtenir la collaboration des hommes les plus aptes à seconder ses efforts. Il fallait assigner à chacun sa tâche, et, cela, sans blesser les susceptibilités, sans heurter les amours-propres dans ce qu'ils auraient pu avoir d'irritable : grâce au tact fin et délicat qu'il devait aux meilleures qualités du cœur et de l'esprit, M. Guillaumin en vint à bout, et jamais le concours zélé dont il avait besoin ne lui fit défaut.

« D'autres pays ont vu s'achever des œuvres de même nature et presque de même étendue. Nulle part ces œuvres n'égalent en valeur scientifique celles dont M. Guillaumin a conçu et dirigé si habilement la difficile exécution.

« Et pourtant, lorsque M. Guillaumin, déployant la plus ingénieuse activité, semblait uniquement préoccupé des intérêts de la science, de vives et douloureuses anxiétés assiégeaient fréquemment son esprit. Il avait perdu la compagne chérie et dévouée de son existence. Seul, il avait à soigner, à élever deux jeunes filles tendrement aimées, mais dont l'avenir était pour lui un sujet de constantes alarmes. Que deviendraient-elles s'il n'était plus là pour leur servir de soutien? Que de fois, lorsque des souffrances venaient lui annoncer le déclin de sa santé, je l'ai vu tourmenté, obsédé par des appréhensions qu'il n'était pas maître d'écarter! Elle est venue cette mort qu'il redoutait non pour lui, mais pour les siens; elle est venue; mais seulement quand, grâce à la haute et forte éducation qu'il avait su leur donner, ses filles étaient devenues capables de se mesurer avec les difficultés de la vie et d'en triompher à force d'intelligence, de raison et de courage, quand, enfin, de nouvelles dispositions, insérées dans l'acte constitutif de la Société formée sous son nom, avaient donné à leur avenir la sécurité qui longtemps lui avait manqué.

« Messieurs, inclinons-nous devant cette tombe. Elle ne s'est pas fermée sur un de ces hommes que la fortune se soit plu à combler de ses faveurs, et qui aient eu en partage les dignités, les honneurs, les richesses dont l'éclat éblouit la foule. Elle s'est fermée sur un homme dont la situation demeura modeste, qui n'acquit un peu d'aisance qu'au prix de longs et souvent pénibles labeurs; mais qui toujours fut bon, affectueux, serviable; qui ne recula devant l'accomplissement d'aucun devoir, et qui, guidé par l'amour du bien, a su rendre son passage sur cette terre utile à de nombreux amis, utile à la science qu'il servit avec le plus noble et le plus infatigable dévouement. De tels hommes, Messieurs, sont bien rares, et c'est à leur mémoire que sont dus les hommages le plus justement mérités.

« Adieu, Guillaumin ; repose en paix dans ta demeure dernière; nous ne t'oublierons pas; les regrets que ta perte nous laisse sont de ceux dont il n'est pas donné au temps d'épuiser l'amertume! »

Après M. Hippolyte Passy, M. Henri Baudrillart, membre de l'Institut, a rendu hommage en ces termes à la laborieuse et utile carrière du défunt au nom des collaborateurs et des lecteurs du *Journal des Économistes* :

« Messieurs, avant-hier, M. Guillaumin quittait le Collége de France où il était venu, par sa présence à l'ouverture du cours, payer son tribut de zèle accoutumé à la science qu'il aimait tant, et donner à celui qui l'enseigne une marque précieuse de sa sympathie. Je lui serrais la main affectueusement et nous nous disions : Au revoir!... Une demi-heure après, la mort l'avait foudroyé. Il ne rentrait pas vivant dans ses foyers!

« Ce coup terrible a retenti douloureusement dans nos cœurs. Ce n'est pas seulement l'éditeur si capable et si zélé que nous regrettons, c'est un auxiliaire précieux, c'est un ami cher, dont la perte nous est aussi sensible qu'elle est irréparable.

« M. Guillaumin était devenu, depuis bien des années, le centre et le lien de notre école. Il avait dans l'excellence et dans les destinées de l'économie politique cette foi ardente qui triomphe des obstacles et qui mène à faire de grandes choses. Lorsqu'il fondait sa librairie d'économie politique, cette science en était à ses jours d'épreuve, et quelle épreuve plus grande que l'indifférence du public ? C'est en face de cette inattention de la foule et de cette défiance du gouvernement que M. Guillaumin entreprit de la propager : entreprise qui honore sa vie et suffit, à elle seule, à le faire apprécier à sa valeur! Ceux qui savent avec quel enthousiasme et quelle réflexion il avait adopté les principes de l'économie politique, y verront encore plus d'attrait naturel et de zèle passionné pour la science que le calcul commercial. Il ne me serait pas difficile de citer des preuves qui attestent que, sans abdiquer le soin légitime de ses intérêts, il ne leur sacrifiait pas ses convictions. J'ai dit qu'une telle foi, à la condition d'être servie par une intelligence d'une vivacité et d'une rectitude remarquable et par une volonté résolue, comme chez M. Guillaumin, conduisait à faire de grandes choses. Est-ce donc ici une de ces exagérations complaisantes que la mort inspire aux regrets de ceux qui survivent ? Non, Messieurs. C'est à de véritables monuments que M. Guillaumin a attaché son nom, et c'est bien lui, vous êtes là tous pour en témoigner, qui en a été l'inspirateur.

« C'est lui qui a fondé, avec un économiste dont la mémoire nous sera toujours chère et vénérée, et qui portait dignement un nom illustre, avec

M. Horace Say, le *Journal des Economistes*, dont l'influence scientifique a été si grande depuis vingt-cinq ans, et cette Société d'économie politique, qui donne le rare spectacle de savants unis par la confraternité et par l'amitié, discutant toutes les questions, les plus brûlantes même, sans animosité et sans aigreur. C'est lui qui présidait à la vaste Collection des principaux économistes du XVIIIe siècle. C'est lui qui avait l'idée et qui concourait activement à l'exécution de ce *Dictionnaire de l'Économie politique*, l'œuvre collective la plus considérable et la plus complète, l'une des plus mûrement méditées et des plus achevées que la science ait produites. Enfin, Messieurs, quelle part directe et personnelle, prise au plus immense de ces travaux, à ce *Dictionnaire du Commerce*, revu tout entier par lui, corrigé de sa main, et quelquefois refait au prix des plus pénibles recherches! Que de nuits passées au travail! Quel scrupule d'exactitude qui ne lui laissait pas de repos! Quel souci pour la forme comme pour le fond, souci qui allait jusqu'au tourment? Est-ce simple coïncidence? Je ne sais; mais c'est à partir de ce moment que nous entendîmes M. Guillaumin se plaindre, pour la première fois, d'un excès de fatigue, et en montrer sur son visage les premiers signes alarmants. Mais gardons-nous d'accuser le travail. Il nous sauve et nous préserve plus encore qu'il ne nous use; et qui de nous est libre d'en régler les exigences et d'en modérer l'ardeur à son gré? Travailler est notre destinée. Je le dis en face de ce cercueil : accomplissons-la, quoi qu'il arrive!

« Notre ami est mort debout, Messieurs, dans la plénitude et dans la force de ses facultés, après une dernière conversation où il exprimait tout son bon espoir dans l'avenir de la science à laquelle il avait dévoué sa vie. C'était la mort qui convenait à un esprit aussi actif, à un caractère aussi ardent, qui se serait consumé dans le repos, à une âme faite pour garder toute sa chaleur jusqu'à la fin. Ses impressions restèrent jeunes jusqu'au dernier moment, comme ses convictions généreuses étaient demeurées vivantes et entières. Tel je le vis encore, il y a deux mois à peine, à Amsterdam, où un congrès scientifique nous avait réunis. Il se plaignait d'être fort souffrant, et pourtant, malgré ses craintes, il avait peine à se décider à partir : « Ce que j'entends ici, et surtout ce que j'y vois, m'attache trop, me disait-il, et me retient malgré moi. »

« Il ne m'appartient pas de retracer ce qu'était l'homme privé, le père excellent, tendre, passionné, qui, après avoir eu le malheur de perdre, de bonne heure, une femme d'un mérite distingué et du plus rare dévouement, avait trouvé dans des filles, dignes d'elle et dignes de lui, toute sa consolation et toute sa joie. Mais quinze années d'intimes relations me permettent de dire ce qu'a été le collaborateur animé du feu sacré et le directeur d'un jugement si ferme et si sûr. Depuis dix ans surtout, nos rapports étaient devenus plus fréquents et, pour ainsi dire, quotidiens. Le temps qui, trop souvent, amène le refroidissement parmi les hommes que rapprochent les affaires où les idées, avait resserré nos liens et changé notre sympathie en une véritable amitié. C'est sous ces traits que votre image me restera éternellement gravée, mon cher Guillaumin. Et nous tous, Messieurs, le vide que celui que nous avons perdu laissera parmi nous suffirait seul à empêcher son souvenir de s'éteindre. Ce souvenir vivra autant que nous-mêmes, aussi sûrement que son nom ne se séparera pas du mouvement économique de ces trente dernières années.

« Adieu pour moi, adieu pour nous tous, adieu, mon cher Guillaumin ! »

Ces deux discours répondaient parfaitement aux sentiments de toute l'assistance qui s'est retirée profondément émue.

Gilbert-Urbain Guillaumin était né au village de Couleuvre, près de Moulins, dans le département de l'Allier, le 14 août 1801. Orphelin de père et de mère dès l'âge de cinq ans, il fut élevé, ainsi qu'un frère mort à l'âge de trente ans, par un frère de son père. Cet oncle n'était guère tendre, à ce qu'il paraît; et le futur éditeur passa son enfance et son adolescence, en faisant un rude apprentissage de la vie, auprès de l'oncle marchand de bois, dont il se rappelait la sévérité avec un sentiment pénible mêlé toutefois de respect pour l'énergie laborieuse de son parent. Il sortit, aussitôt qu'il le put, d'une condition si peu attrayante et vint chercher fortune à Paris dans le commerce (1819). D'abord employé dans une maison de quincaillerie, puis dans une maison de commission, il eut occasion de faire connaissance avec le jeune libraire Brissot-Thivars (gendre de son patron et neveu du célèbre conventionnel Brissot-Warville), qui a pris une certaine part aux luttes de la Restauration et qui est mort, il y a quinze ans, préfet du Finistère. Attiré par l'amour des livres, Guillaumin se fit libraire, et ensuite éditeur. Vivement sympathique au progrès du parti de la Révolution, dont il a été un ardent partisan toute sa vie, il fut initié au carbonarisme; il acclama avec l'enthousiasme de la jeunesse la révolution de 1830, et se lia avec plusieurs personnages marquants qui ont figuré dans les mouvements politiques et principalement avec les hommes de 1848. Il avait notamment un culte pour Béranger qu'il avait connu de bonne heure et dont il aurait été l'éditeur avec M. Perrotin (1), sans une circonstance qui décida autrement de sa carrière.

A cette époque, il cherchait sa voie dans cette délicate profession de producteur de livres. Sous l'influence de ses idées et de ses jeunes amis, il fit quelques publications politiques (2). Ce genre de librairie ne lui produisit que des déboires et ne satisfaisait pas complétement son esprit et sa raison. C'est alors qu'il conçut l'idée d'éditer en français le *Dictionnaire du Commerce* que Mac-Culloch venait de publier avec succès en Angleterre. Combinant ses forces avec celles d'un associé, dont il se trouva bientôt séparé, il forma, à l'aide de quelques amis, une société commerciale pour la publication de cet important ouvrage, dont il ne tarda pas à remarquer les lacunes et qu'il voulut refaire à nouveau, en groupant une série de coopérateurs capables de le seconder. C'est à cette occasion qu'il demanda la collaboration d'Adolphe Blanqui, directeur de l'école spéciale de commerce, dont il devait peu d'années après éditer l'*Histoire de l'économie politique*. Celui-ci lui présenta un apprenti économiste, qui devint un de ses plus constants collaborateurs dans ses diverses publications, et à qui devait échoir, trente ans après, la douloureuse tâche d'écrire sa Notice nécrologique!

A partir de ce moment Guillaumin avait trouvé sa voie, et il s'affermit dans la résolution de la suivre et de s'y adonner spécialement en assistant aux premières leçons du cours d'économie politique que M. Blanqui fit au Conservatoire des Arts et Métiers (1833-34) lorsqu'il fut appelé à remplacer l'illustre Jean-Baptiste Say, mort en 1832.

Guillaumin pressentit le rôle que l'avenir réservait à cette science et il mit à son service une librairie spéciale qui ne tarda pas à devenir, grâce aux heureuses qualités de son fondateur, le point de réunion des économistes. « Célèbres ou inconnus, dit M. de Molinari, dans l'*Économiste belge*, il les accueillait avec une égale affabilité, et l'éditeur se doublait pour eux d'un conseiller plein de tact et d'un ami au cœur chaud. »

Le *Dictionnaire du commerce et des marchandises*, publié de 1835 à 1839, fonda la Librairie d'économie politique et de commerce. Bientôt Guillaumin entreprit la publication de l'Histoire de l'économie politique de Blanqui, puis celle du Traité et du Cours de J.-B. Say, dont le fils M. Horace Say était devenu un des notables collaborateurs du dictionnaire. Il avait

(1) Une édition avec gravures a été publiée, en 1829, par Perrotin et Guillaumin. 5 vol. in-18.

(2) De ce nombre : *Paris révolutionnaire*, série de notices historiques et politiques, par G. Cavaignac, Eug. Briffault, Saint-Germain-Leduc, Raspail, Marrast, Trélat, Fortoul, Cormenin, etc., — 4 vol. in-8, 1834. — *Fastes de la Révolution française*, par A. Marrast et Dupont. 1 vol. in-8.

d'abord songé à publier un recueil périodique qui devait être la continuation de son dictionnaire ; mais ce projet se modifia, et il résolut de tenter à son tour la publication d'une Revue mensuelle d'économie politique. A cet effet, comme la maison de la librairie n'avait rien à distraire de son modeste capital, Guillaumin forma une petite société spéciale pour le nouveau journal, et grâce au concours de quelques amis de la science et de quelques amis particuliers (1) il s'engagea hardiment, avec A. Blanqui pour rédacteur en chef, dans l'entreprise qui souriait à ses plus jeunes collaborateurs, malgré les témoignages de découragement qui lui venaient de divers côtés. Nous nous sommes souvent rappelé que Th. Fix qui avait dû suspendre la publication de sa Revue, peu d'années auparavant (2), le dissuadait fortement en lui disant qu'il n'obtiendrait pas, au bout de tous ses efforts, le concours de deux cents abonnés ; et dix ans après, lorsque nous visitions ensemble M. Mac Culloch à Londres, celui-ci s'étonnait à la fois du courage de l'éditeur et du succès d'une entreprise, exclusivement consacrée à la propagation de la science économique.

Le premier numéro du *Journal des Économistes* parut le 15 décembre 1841, et dès la première année, il reçut plus de quatre cents abonnements, le double de la prédiction de Fix, qui fut du reste des premiers à applaudir et à concourir à la prospérité de la nouvelle Revue. C'était relativement un très-grand succès de librairie, pour l'époque surtout ; car, ainsi que l'a dit M. Passy dans l'allocution que nous venons de rapporter, l'économie politique n'était alors en faveur ni au sein des pouvoirs publics, ni dans l'opinion. — C'était aussi un très-grand succès scientifique, un heureux lien entre les économistes du monde entier, et une œuvre dont l'importance nous fut révélée à tous deux, en 1847, lorsque nous assistâmes au Congrès des économistes convoqué à Bruxelles, et que nous pûmes constater de quelle estime le recueil que nous publiions jouissait partout dans l'esprit des hommes les plus compétents. Sous ce rapport, Guillaumin a eu la pleine satisfaction, souvent refusée aux fondateurs, de voir réussir sa création : le jour même qu'il a rendu le dernier soupir paraissait le 12e numéro de la vingt-troisième année !

En même temps qu'il créait le *Journal des Économistes*, Guillaumin commençait la *Collection des principaux économistes*, c'est-à-dire des précurseurs et des fondateurs de la science : Quesnay et les Physiocrates, Turgot, Adam Smith, Malthus, J.-B. Say, Ricardo. Cette série de belles publications en quinze volumes grand in-8, qui se sont succédé de 1840 à 1847, attira l'attention des amis de la science et des amateurs

---

(1) M. Horace Say, fils de l'illustre J.-B. Say, Casimir Cheuvreux et Legentil ses parents ; M. Victor de Tracy, fils de l'illustre philosophe économiste ; MM. D'Esterno, Édouard Thayer, Brissot-Thivars, Bargaud.

(2) *Revue mensuelle d'économie politique*, 5 vol. in-8, 1833-1836.

de beaux livres, tant par les soins donnés à la confection matérielle des volumes, que par le choix et la disposition des œuvres, les notices et les notes dont l'intelligent éditeur voulut faire accompagner chaque ouvrage. Secondé par Eugène Daire, dont il avait su reconnaître le consciencieux talent, il remit en lumière des écrits pleins d'intérêt pour la science économique et pour l'histoire : la *Dîme* de Vauban ; le *Factum* et le *Détail de la France* de Boisguillebert, les écrits de la brillante pléiade des Physiocrates, et ceux non moins curieux à d'autres titres des économistes financiers du dernier siècle.

C'est aussi à la même époque (1842) qu'il coopérait à la fondation de la Société d'économie politique, au maintien et à l'accroissement de laquelle il a plus contribué que qui que ce soit par son zèle pour la science, son entente des réunions et les qualités de son esprit. Il remplissait avec une exactitude exemplaire et un tact parfait les fonctions de questeur.

L'an d'après, il créait l'*Annuaire de l'économie politique et de la statistique*, qui a mis à la portée de tous les amis de la science les documents jusqu'alors perdus dans les in-folio administratifs ou dans les recueils étrangers tout à fait ignorés ou impossibles à obtenir, et dont la 22e année est sous presse (1).

Mais à cette époque la vie laborieuse de Guillaumin fut traversée par un grand malheur : il perdit une gracieuse femme douée d'excellentes qualités, d'une aimable douceur de caractère, et qui lui prodiguait les soins que réclamait déjà sa santé chancelante, souvent ébranlée par le souci des affaires. La douleur que lui causa cette perte fut des plus vives ; mais comme il s'était marié de bonne heure, sa fille aînée put élever sa jeune sœur. Il veillait lui-même sur ses deux enfants comme la plus tendre des mères, et il fut chéri et soigné par elles avec un dévouement exemplaire.

Peu de temps avant cet événement, il avait transporté la maison de librairie du passage des Panoramas dans le local qu'elle occupe actuellement, et il avait donné plus d'extension à ses affaires qui nécessitèrent un accroissement de son petit capital circulant. Il atteignit ce but en fusionnant à l'aide des personnes qui l'avaient aidé à fonder la Revue, et de quelques autres qui se groupèrent autour d'elles, son entreprise de librairie avec celle du journal, et en faisant une société qui a duré dix-huit ans et qui, en vertu de l'acte qui a été renouvelé il y a quelques

(1) De 1844 à 1855, par M. Joseph Garnier et Guillaumin ; — depuis 1856, par M. Maurice Block et Guillaumin.

mois, continue sous la même raison sociale, et dans la voie que lui a imprimée son créateur.

Lorsque se produisit (en 1846) la lutte du Libre échange, après le triomphe de la Ligue en Angleterre, le *Journal des Économistes* fut avant dans la mêlée et la librairie seconda le mouvement par diverses publications. De même, après l'ébranlement de 1848, quand il fallut faire simultanément tête au Socialisme, à la Réaction et au Réglementarisme, sous toutes les formes. La table du journal et le catalogue de la librairie témoignent du concours que l'œuvre de Guillaumin a apporté au succès des idées qu'il servait avec dévouement. Il fut le premier à accueillir, à encourager, à produire cet auxiliaire inattendu que la phalange économique vit surgir un beau matin du département des Landes et qui avait nom Bastiat.

En 1849, il s'associa avec bonheur aux Amis de la paix, qui tinrent successivement congrès à Paris, à Londres et à Francfort. Sa maison fut au service de ce mouvement. Nous étions tous deux avec MM. Horace et Léon Say, Bastiat et D. Potonié (le plus zélé libre-échangiste des négociants de Paris), les représentants d'un groupe d'invités, auxquels Joseph Sturge, l'un des apôtres de ce mouvement, voulut montrer les sentiments des masses en Angleterre. Nous assistâmes avec ravissement à trois meetings : à Londres, à Birmingham, à Manchester. Dans cette dernière ville, dix mille assistants se pressant dans la salle de la Ligue, *le free trade hall*, applaudirent avec frénésie la doctrine du désarmement et la présence des économistes français, amis de M. Richard Cobden.

En 1850, Guillaumin commença à s'occuper activement de la publication du *Dictionnaire de l'économie politique*, dont nous nous étions souvent entretenus, véritable encyclopédie de l'école économique (1), alors vivement battue en brèche par des adversaires de toutes nuances, et qui s'est certainement grandie aux yeux de tous par cette œuvre magistrale.

Il serait vraiment impossible de rappeler ici toutes les publications de Guillaumin ; d'année en année son catalogue grossissait et les connaisseurs en bibliographie n'ont pas été sans remarquer que ce catalogue était lui-même un répertoire méthodique, très-soigné et digne de figurer dans une bibliothèque d'amateur. Il suffit de dire que c'est à la librairie de Guillaumin que depuis trente ans la plupart des ouvrages et collections d'économie politique ont été publiés. Toutefois, nous ne pouvons ne pas mentionner encore : d'une part, la *Collection des Économistes et publicistes contemporains*, et la *Bibliothèque des sciences morales et politique* (elles ont déjà 80 volumes) faisant suite, avec des formats diffé-

(1) Contenant la Bibliographie générale de l'Économie politique avec notices biographiques ; sous la direction de Ch. Coquelin et Guillaumin ; 2 forts vol. grand in-8, 1852-1853.

rents, à la Collection des principaux économistes ou des fondateurs de la science, par laquelle l'infatigable éditeur inaugurait, il y a vingt-quatre ans, la remarquable et innombrable série de ses publications; — et, d'autre part, le nouveau *Dictionnaire universel du commerce et de la navigation*, dont il commença à s'occuper en 1855 (1), qui est un des meilleurs répertoires de notre temps, et dont Guillaumin a été à la fois l'éditeur scrupuleux et le rédacteur en chef intelligent, œuvre qui, à elle seule, aurait suffi pour faire la réputation d'un homme, mais qui nous aura certainement coûté plusieurs années d'une vie qui pouvait être encore utile à sa famille et à la science.

La librairie Guillaumin, nous pouvons donc le dire, est arrivée par l'initiative énergique de son fondateur, par le soin apporté à ses publications de choix, et par la régularité de ses opérations, à être une des premières dans la librairie française, jouissant d'autant de crédit et de considération que d'autres qui ont eu à leur disposition des capitaux plus considérables ou qui ont exploité des branches plus fructueuses. En fait, le nom de son chef est certainement un des plus connus et des plus estimés, de l'aveu de tous ses confrères.

Quelques-uns des membres les plus hauts placés de la Société d'économie politique avaient récemment sollicité pour le chef de cette maison la marque distinctive de la croix de la Légion d'honneur, qu'on a donnée à quelques-uns des hommes les plus importants de la librairie et de l'imprimerie, et à laquelle Guillaumin avait en outre des droits particuliers pour avoir éminemment contribué à la propagande des idées économiques. Cette demande était aussi flatteuse pour notre ami que la distinction elle-même, qui n'aurait certainement rien ajouté à l'estime et à la considération dont il jouissait, mais qui aurait été une constatation de ses services et un acte de justice accompli, à propos duquel nous avons entendu exprimer plus d'un regret avant et depuis sa mort.

Le métier d'éditeur, de producteur de livres, est un des plus délicats qui se puisse entreprendre : il faut savoir apprécier les qualités intrinsèques des manuscrits et des ouvrages proposés, les frais de fabrication et de publicité, les chances de vente, c'est-à-dire la nature et l'étendue du débouché. Il faut savoir demander et obtenir certaines modifications des auteurs, tant à cause de l'étendue des œuvres que de leur disposition : il faut savoir choisir les meilleures combinaisons typographiques, etc. S'il s'agit d'ouvrages à commander à divers auteurs, de dictionnaires, de collections, il faut savoir s'adjoindre un directeur spécial, le guider, l'aider, le surveiller dans son travail, ou bien savoir diriger soi-même les collabora-

(1) 2 gros volumes grand in-8, publiés de 1857 à 1863.

leurs, demander à chacun ce qu'il sait faire, provoquer le travail des uns, repousser celui des autres : besogne délicate et difficile quand on a affaire à des hommes dont l'âge, la position, le caractère, ou les prétentions, plus ou moins fondées, exigent des précautions et des ménagements. Il faut enfin, une fois que l'œuvre est produite, savoir la vendre, c'est-à-dire faire concourir les intermédiaires à son écoulement et provoquer l'attention du public. Pour cela, il faut mettre à la loterie des annonces, choisir les meilleurs modes et les meilleures places pour la publicité, faire les dépenses nécessaires et n'en pas faire au-delà de ce que comporte l'ouvrage.

Guillaumin, qui aimait sa profession, avait à un haut degré, ses livres en témoignent, les qualités nécessaires pour le choix des ouvrages et pour leur fabrication. Il avait une connaissance exacte des qualités des écrivains dont il savait se faire des amis, et un tact tout particulier pour connaître l'avis des uns et des autres, faire accepter des conseils, obtenir des modifications ; et s'il s'agissait d'une œuvre collective, il savait y faire participer chacun de la manière la plus fructueuse. C'est ainsi qu'il a concouru au Journal des Économistes, à l'Annuaire, à ses Collections, et surtout à ses trois grands Dictionnaires, non-seulement en qualité d'éditeur expérimenté, mais comme directeur entendu de la collaboration. C'est ainsi qu'il a provoqué plus d'une œuvre qui, sans son insistance et son concours, n'aurait pas vu le jour.

La vie de Guillaumin est un exemple de ce que peuvent l'intelligence et le travail d'un homme ; car il était entièrement fils de ses œuvres.

A force de volonté, il sut acquérir, dans le cours de sa carrière, l'instruction qui lui manquait au début. Ses plus anciens amis se rappellent encore le temps où ils le voyaient lire, avec une sorte de passion, les moindres papiers qui lui tombaient sous la main et passer encore dans les cabinets de lecture toutes ses heures de liberté. Sans être écrivain et sans avoir la moindre prétention, il formulait parfaitement sa pensée, et ses lettres étaient des modèles de clarté et de précision, quelques-unes même remarquables par les tours d'un style piquant et incisif. Personne ne savait mieux que lui l'histoire contemporaine et celle des mouvements politiques, dans le monde entier, depuis la révolution de 1789. Peu de publicistes avaient autant que lui des connaissances en géographie politique et commerciale. Il était très-versé dans la bibliographie en général, et bien certainement de tous les économistes le plus versé dans la bibliographie économique.

La santé de Guillaumin, nous l'avons dit, avait toujours été très-délicate ; mais depuis quatre ou cinq ans, il éprouvait de pénibles suffocations attribuées tantôt à l'état du cœur, tantôt à l'état des poumons. A la dernière réunion du Bureau de la Société d'économie politique (cinq jours avant sa mort), où, par parenthèse, il avait été vif et animé, comme on s'informait de sa santé, il répondait : « Sauf mon asthme, je vais assez bien ; une fois l'escalier monté, après quelques minutes de repos, je reprends possession de moi-même. » Mais, trois heures après, en parlant à M. de Lavergne, il se sentit subitement pris d'un malaise et d'un tremblement nerveux qu'il n'avait jamais ressenti, et qui toutefois disparut complétement dans la soirée.

La veille de sa mort, le mercredi, il présida sa petite soirée d'amis avec plus de gaieté et d'entrain qu'à l'ordinaire, et à minuit, l'auteur de ces lignes était obligé d'interposer son amicale autorité pour lui faire cesser une discussion sur les affaires d'Amérique, sujet qu'il ne traitait jamais de sang-froid; car il avait en horreur l'esclavage, et il défendait le Nord quand même, avec cette intolérante ardeur qui est le caractère des esprits convaincus et des cœurs souffrants.

Le lendemain, jeudi, 15 décembre, après avoir présidé aux travaux de sa maison, donné des ordres pour le départ du journal, il alla entendre la leçon d'ouverture du cours d'économie politique du Collége de France, dont il applaudit plusieurs passages, tout à fait conformes à ses vues. Au sortir du cours il se trouva assez bien disposé pour revenir à pied. Arrivé au Palais-Royal, sur la nouvelle place du Théâtre-Français, il tombait comme foudroyé. Deux personnes le portèrent immédiatement à la pharmacie qui est voisine de la librairie. Pendant que des soins lui étaient prodigués, il rendit son dernier soupir. Ayant été reconnu, la terrible nouvelle fut annoncée à sa fille aînée par le médecin qui avait été mandé immédiatement. Celle-ci venait de le quitter, plein de vie, quelques instants auparavant, sur la place du Théâtre-Français, et maintenant les employés de la librairie lui rapportaient un cadavre! — Averti de cette catastrophe, nous accourions, une heure après, sur cette scène de désolation, dans ce même appartement où nous avions vu, quelques heures auparavant, la gaieté du père, la joie des enfants, l'animation d'une réunion sympathique!

La mort de Guillaumin a été mentionnée dans toutes les feuilles publiques avec des appréciations qui témoignent de la sympathie qu'avait inspirée sa personne et son caractère, et de l'estime dont jouissent ses publications, la librairie qu'il a fondée, et les services qu'il a rendus à la science économique. Ses filles ont reçu en outre, de nombreuses et bien flatteuses marques de sympathie. Notre ami commun, M. de Molinari, nous écrit de Bruxelles : « Dites-leur que la plupart des correspondances de Paris ont mentionné la mort de leur père en des termes qui attestent toute la considération dont il jouissait... »

L'œuvre de Guillaumin continuera à porter ses fruits, et son nom inscrit sur tant d'œuvres utiles auxquelles il a pris lui-même une bonne part, vivra longtemps encore, lorsque notre génération aura entièrement disparu; il sera cité avec éloges par les historiens de la science pendant la période tourmentée et caractéristique du XIXe siècle que nous avons traversée.

Dans une lettre qu'il nous adresse, l'illustre M. Richard Cobden nous dit : « .....mais cette mort est plus qu'une perte privée; elle est une grande perte pour tous les amis de la science économique dans le monde entier, et tout particulièrement pour cette partie d'élite de l'opinion en France.... dont notre ami était le centre de ralliement. »

Il y a plusieurs années (1845), un des hommes les plus ardents de ce groupe désigné dans ce passage, A. Fonteyraud, enlevé à la fleur de l'âge, recevait de Frédéric Bastiat une lettre que je retrouvai dans ses papiers et dans laquelle on lisait : « J'avais de vos nouvelles par le journal la *Ligue*, par M. Guillaumin et par M. Cobden, qui me parle de vous en termes que je ne veux pas vous répéter, pour ne pas blesser votre modestie... Cependant je me ravise : M. Cobden sera justement assez célèbre un jour, pour que vous soyez bien aise de savoir le jugement qu'il a porté sur vous, etc. »

La facile prédiction de F. Bastiat s'est accomplie en peu d'années : M. Cobden jouit depuis dix-huit ans d'une célébrité incontestable et incontestée, et son appréciation des efforts de Guillaumin est, ainsi que celle qui en a été faite sur sa tombe, un glorieux titre dont peuvent s'enorgueillir celles qui portent son nom, ses amis particuliers, et aussi, nous pouvons le dire, les amis de la science économique.

JOSEPH GARNIER.

SOCIÉTÉ D'ÉCONOMIE POLITIQUE

Réunion du 5 Janvier 1865 (1)

PAROLES DE M. MICHEL CHEVALIER, A PROPOS DE LA MORT DE M. GUILLAUMIN.

M. Michel Chevalier, sénateur, membre de l'Institut, a présidé cette séance à laquelle assistaient. . . . .; et à laquelle manquait M. Guillaumin, que les membres de la Société étaient habitués à rencontrer des premiers, servant de lien entre les anciens et les nouveaux venus, entre les membres résidant à Paris et les économistes étrangers dont la maison était le centre de ralliement. Cette absence qui doit être, hélas! éternelle, a été l'objet des premières paroles échangées entre les divers membres de la réunion.

Au moment de rendre la conversation générale, M. le Président s'est rendu l'interprète des sentiments des membres de l'assemblée.

« Messieurs, a-t-il dit, depuis la dernière réunion, nous avons fait une grande perte, à laquelle rien ne nous avait préparés : notre ami Guillaumin, qui avait tant contribué à fonder la Société d'Économie politique, et qui, par son activité infatigable et son zèle de tous les instants, en était, pour ainsi dire, l'âme, nous a été ravi par une mort instantanée. Lors de notre dernière réunion, il était parmi nous bien portant, il faisait des projets d'avenir! A l'heure qu'il est, il n'est plus.

« Guillaumin s'était consacré à l'Économie politique, non à la suite d'études approfondies, mais par l'effet d'une passion soudaine, du genre de celles qui enflamment subitement les cœurs. Il était jeune; après quelques essais indifférents, il s'était mis dans la librairie, il y cherchait sa voie, lorsque l'édition du premier dictionnaire du commerce, et les leçons de Blanqui, au Conservatoire des Arts et Métiers, lui donnèrent l'idée de se consacrer aux publications économiques. Blanqui, enlevé à la science, il y a dix ans, était un des plus spirituels causeurs de notre temps, sa verve intarissable donnait un charme extrême à ses leçons d'Économie politique.

1. *Journal des Économistes*, numéro de janvier 1865.

« Guillaumin sortit des leçons de Blanqui enchanté, séduit, convaincu ; il avait trouvé sa voie, il était décidé à fonder une librairie spéciale pour l'Économie politique. Il s'en occupa aussitôt ; il trouva plus tard le concours de quelques personnes qui avaient du goût pour la science économique, et particulièrement d'un collègue que nous avons eu aussi le malheur de perdre, Horace Say, fils d'un des maîtres les plus respectés de la science et père de notre affectionné collègue ici présent, M. Léon Say. La librairie Guillaumin a marché depuis lors ; elle a réussi ; elle a fait de grandes publications qui se sont beaucoup répandues ; on lui doit un recueil qui jouit d'une renommée bien méritée, le Journal des Économistes.

Mais, comme toutes les entreprises d'un genre nouveau, la librairie Guillaumin a eu pendant un certain nombre d'années une marche laborieuse ; dans d'autres mains que celles de notre collègue si regretté elle eût échoué peut-être. Il y a peu d'années en effet que le public a commencé à prendre goût à l'Économie politique, et il n'y a pas bien longtemps qu'un éloquent orateur la qualifiait sans façon de « Littérature peu divertissante. » Mais Guillaumin consacrait à la librairie d'Économie politique une opiniâtreté invincible, une ardeur toujours jeune. Son mobile n'était pas seulement le désir d'en tirer du profit, quoique rien ne soit plus légitime dans une entreprise commerciale ; c'était aussi la pensée de contribuer au bien public en propageant une science dont il sentait la grande portée et qui répandait plus directement que beaucoup d'autres branches des connaissances humaines à des sentiments très-vifs chez lui : l'amour de la liberté, l'amour de l'égalité, la volonté de coopérer de toutes ses facultés au progrès social. Guillaumin était ainsi avant tout un homme de dévouement. Son éducation première avait été, je le crois, assez négligée ; il y avait suppléé par un travail incessant, et il s'était ainsi rendu familier avec tous les détails de la science économique ; mais le cœur chez lui était la force motrice et en somme ce n'est point une manière d'être qu'il faille regretter : les grandes pensées et les meilleures, ainsi que l'a dit un philosophe, viennent du cœur.

« Guillaumin nous fera grandement faute, messieurs et chers collègues ; les hommes de cette trempe sont rares et difficiles à remplacer. Il a mérité que son souvenir restât perpétuellement parmi nous. Ce n'est pas seulement la société d'économie politique, c'est la science même qui lui doit beaucoup. C'était en outre un homme de bien, pensant toujours à la chose publique et toujours prêt à la servir. Il ne laissera pas un riche héritage ; mais il laissera, ce qui est d'un grand prix, un excellent exemple qu'on pourra citer à ceux dont le zèle pour la science et la foi en son succès viendraient à faillir. »

PARIS. — TYPOGRAPHIE DE A. PARENT, RUE MONSIEUR LE PRINCE, 31

www.ingramcontent.com/pod-product-compliance
Ingram Content Group UK Ltd.
Pitfield, Milton Keynes, MK11 3LW, UK
UKHW032039260826
14628UKWH00007B/3058

9 782013 554138